비대칭의 흔적

김익진 시집

시인동네 시인선 172 김익진 시집

비대칭의 흔적

시인동네

시인의 말

나는 당신이
내 우주의 중심이 되기를 원한다.

나의 당신은
내가 어둠을 완성하는 별들의 자리가 되기를 원한다.

그렇게
서로
돋보이기를 원한다.

2022년 3월
김익진

차례

시인의 말

제1부

별에서 보면 · 13

예민한 언어 · 14

시작도 끝도 없다 · 16

당신은 소수 · 19

비대칭의 흔적 · 20

양자 우주 · 22

세입자가 불을 켰을 때 · 24

한 우주에서 다른 우주로 · 26

우리가 하지 않은 일들 · 28

더 스테이션 · 30

하늘은 내 어깨를 부수고 있지만 · 32

떨림의 근원 · 34

마이크로 코스모스 · 35

오래된 독수리 뼈에 시를 뱉으며 · 36

깊은 우주 · 38

수백억 광년의 사랑 · 40

퍼레이드의 근거 · 42

양자물리 사랑 · 44

마음은 탐험되지 않은 은하 · 46

작은 벌레 · 48

제2부

새들은 오지 않았다 · 51

요나처럼 · 52

화학은 무정부주의자 · 54

별자리를 유지하라 · 56

우리는 작은 액정만 본다 · 58

소금 · 60

견딜 수 없다 · 61

숲의 랩소디 · 62

잘못된 포크를 사용하는 이유 · 64

신은 불완전하다 · 66

우주의 이중성 · 68

겨울밤 · 69

빈 행성의 공포 · 70

겨울 산 · 72

수학은 악기다 · 74

하늘이 궁금하다 · 76

낮잠 · 78

제3부

알 수 없는 미래 · 81

나의 계정 · 82

세렝게티 · 84

당신 · 86

지구가 하나이기 때문에 · 87

SNS 사랑 · 88

하늘은 음모를 꾸미지 않는다 · 90

우연히 만나던 날 · 92

나쁜 생각으로 눈이 떠질 때 · 94

만남도 없는 이별 · 95

도발적인 상상 · 96

달은 당신을 근심에 빠뜨린다 · 98

예쁜 여자 · 100

사랑의 중력 · 102

어둠이 곁에 앉았다 · 103

계약 · 104

맥박 · 106

귀향 · 108

해설 지구를 사랑한 우주의 연금술사 · 109
     신상조(문학평론가)

제1부

별에서 보면

지구본에 점을 찍은 후
우리가 있던 곳을 측정해 본다

처음 만난 곳 : 37.06°N, 124.5°W
첫 데이트 : 37.09°N, 124.92°W
첫 키스 : 37.16°N, 124.97°W
첫 번째 사랑 : 37.07°N, 124.02°W
첫 번째 그날 밤 : 37.01°N, 124.01°W
첫 번째 휴가 : 33.21°S, 132.0°E

EWSN을 모아 보면
우리는 점으로 뭉쳐 있다

예민한 언어

수학은 형식의 특성을 적절하게 사용한다

W = 지혜, l = love, s = speech라고 말하면
W (l, s) = Wl + Ws

지혜가 l과 s의 질적 변화로 작용하면
W (l, s) = Wl * Ws.

지혜는 승수로 작용하지만
승수와 질적 변화로 작용하면 까다롭다

물리적 대표자가 없는 지혜

어려워 보이는 것은 더 많은 동사의 추가로
다른 동사를 형성하는 것
이들 동사에는 포함된 내용의 전체 목록은 없다

걷기와 달리기가 비슷한 특성을 갖고

에스코트와 에스크로가 다른 의미를 갖는 이유다

수학은 예민한 언어다

시작도 끝도 없다

1.
나는 지금까지 1,988,086,338초를 살았다
이것은 1조 9880억 6338만 초다

그리고 이제 막 새로운 1초를 시작한다

1초란 세슘 원자가 91억 9263만 1770번 진동하는 순간

1초를 반으로 나누고,
다시 반으로 나누고 계속해서 반복한다

우리는 무한히 산다
늙지 않으면
삶으로 무엇을 할 것인가?

먼저 자신과 타인을 사랑하라

1 + 0 = 0

우리는 1 + 0 = 0을 알고 있지만
이 우주적 '농담'이 무한한 우주적 진실인 0
무한은 현실이 사랑이다

2.
우리는 무한한데 왜 유한하다고 인식할까?

12인치 눈금자를 2로 나눈다

12, 6, 3, 1 1/2, 3/4, 3/8,······················ ∞

답은 유한하지 않다, 무한하다
왜 환상일까?

답은 거짓으로 진실을 아는 것이다
무한은 최상의 존재
유한함이 비진리임을 아는 것은
무한이 진리임을 아는 것이다

사랑은 무한이 현실이다

3.
사랑이 무한임이 현실이라면,
우리가 유한한 것처럼 보일 필요가 있을까?

답은 유한함이 역설적으로 무한으로 가는 길,
아이가 커가는 것과 같다
무한대에 도달하기 위해 거쳐야 할 단계다
비진리로 진실을 알아라

우리의 영적 존재는 지고의 존재,
영원함을 위한 마지막 단계다

우주에는
시작도 없고 끝도 없다

당신은 소수

나무가 달리기를 꿈꿀까요?
호수는 날기를 원할까요?
그들은 언제나 흔들리며 하늘을 봅니다
숲속에 돌멩이는 느리고 이끼가 많은 사랑을 할까요?
당신은 왜 될 수 없는 꿈을 꾸는지 모릅니다

당신은 소수*

당신은 고유한 존재입니다

---

*소수: 1보다 큰 자연수 중 1과 자기 자신만을 약수로 가지는 수.

비대칭의 흔적

지구의 절반은 밝음
나른 한쪽은 어둠

무한대
하늘 끝자락

무게의 변화 없는
회전 속, 나를 잡고 있는 궤도
반복되는 일출

약간은 쓸쓸한 감옥
권태와 지루함,
중력에 잡힌 삶

그러니 서로 사랑하라 하지요

우리의 춤은 왈츠보다 큰
공간의 음악,

아담의 노래

어둠 속으로 날고 있는 궤도는
혼돈 뒤에 고요함

비대칭의 흔적

양자 우주

인생의 모든 단계 전에 동전이 던져집니다
그런 다음 왼쪽, 오른쪽으로
회전하거나 직진하지요

당신만의 우주에서
왼쪽으로 가고,
카페에 들어가고,
집에 가서 낮잠을 자고,
그렇게 평범한 날이 계속되지요

그러다 대체 영역에서 자주
오른쪽으로 이동하고,
상점으로 들어가고
복권을 구입하고,
수백만 달러를 얻거나 잃지요

과학자들은 다중 우주에서
모든 가능성이 전개된다고 주장하지요

어딘가에서 당신은 왕 또는 여왕이고
다른 곳에서는 총에 맞거나
어딘가에서 당신은 파리 또는 곰이죠

어딘가에 부모님이 아직 살아계시고
모두가 아프지 않죠
아름다운 무지개가 떠오르고,
모두가 불멸인 우주가 되죠

신이 차 한 잔을 권하는 곳
길가메시 서사시처럼
먹고 씻고 사랑하는 곳

세입자가 불을 켰을 때

당신은 별똥비가 내리는
은하계 옥상에 산다

게으른 해는 산 뒤로 떨어지고
어둠이 기어 나와
도시의 가로등을 감싸고 있다

도심은 수직으로
변두리는 수평으로
불빛이 씀벅거린다

세입자가 불을 켰을 때
지구의 흑점이 반짝거렸고
우주에 불빛 하나가 추가되었다

세입자가 월세를 미루자
지구는 채무자가 되었고
우주의 잔고가 줄어들었다

세입자의 불은 우주의 중심,
성스러운 특사

이제 사랑은 지구에서 드문 기술
당신이
지구의 주인임을 보여라

한 우주에서 다른 우주로

나무는 성장으로 프레임을 확장한다
새 잎사귀는
세상을 만나기 위해 펼쳐져야 하지만

곧
한 우주가 나타나고
다른 우주로 사라진다

별과 흙 사이에서
먼지와 부패로 잎이 태어난다

나무는 태양과 비를 기다리고
우주는 각자의 일을 한다

태양이 달을 위해 떠오르고
달은 태양을 위해 떨어지듯

한 우주에서 다른 우주로

나타났다 사라진다

저 너머,
혼돈 뒤 고요함으로……

우리가 하지 않은 일들

아직 키스하지 않은 입이 너무 많다
걸어보지 않은 길도 많다
내가 모르는 산이 많은데
이미 흔들리는 무릎

바다,
음악,
늦은 밤의 주유소,
이름 모를 도시가 궁금하다

미래는 짧아지고
과거는 늘어만 간다, 추억은 순간이다
우주의 시간은 무한대인데
우리는 은하 속으로 날아간다

유한한 삶 속에서
우리는 언제나 헤어지는 중
은하 어딘가에 초신성이 폭발하고

그 충격이 퍼진다

은하의 심장은 황금 레모네이드
혀에 터지는 이산화탄소 거품,
빛나는 별의 폭발

은하를 닮은 당신에게서
나무딸기의 향기가 난다

아직 키스하지 않은 입이 너무 많다

더 스테이션

푸른색에 섞인
부드러운 태양이 안녕을 고한다

서쪽으로 미끄러지며
가늘고 큰 그림자가 떨어진다

갑작스런 비가
축축한 플랫폼을 적시지만
일상은 계속된다

순간에서 순간으로
얼굴이 바뀌는 우리의 여행,
가고 오는 영원회귀다

기분은 다시 몬순
빗방울은 고통의 실타래

비가 내리며

하루가 얼음처럼 녹는다
::::::::
::::::
:::
::
()
.0009 진공

빅뱅 후
존재하는 것은 더 스테이션의 빗물이다

하늘은 내 어깨를 부수고 있지만

우주는 살아 있기도 하고
죽어 있기도 하다
아원자*처럼 존재의 안과 밖을 윙크한다

Big Bangs
Big Cools
재창조가 반복된다

한 편은 더운 날,
다른 편은 얼어붙은 밤
그 사이에 하늘을 물들이는 장미

우리는 지구의 끝을 재촉하고,
온난화로 울고 있다

바다에 스며드는 덩굴손
지구의 먼지를 핥으면 유황 냄새가 난다

지구의 심장은 가스로 메케하고
햇살엔 악취가 난다

지구는 하나뿐인데
신의 시선은 하늘을 향하고
그의 외침대로 창세기는 업데이트 중이다

하늘은 내 어깨를 부수고 있지만
아직은 지구가 무릎을 꽉 잡아주고 있다

---

*아원자: 원자보다 작은 입자.

떨림의 근원

우주는 물질 너머의 음악이다
존재하는 것은 고유한 진동을 갖고 있다
지구가 진동하고, 우주가 진동한다

당신과 나의 떨림의 근원이다
세상은 진동으로 가득하기에 음악이다
이는 알파요 오메가며, 시작이고 끝이다

바람이 모든 것을 담고 있고,
이는 우리가 잃어버린 시간까지도 기억한다

누군가 사랑한다고 말하면
이 진동은 마음으로 고요히 다가온다

우주의 떨림은 처음부터 끝까지
당신을 위한 음악이다

마이크로 코스모스

주위에서 잘 안 보이는 것들

손가락 지문의 능선을 보면
작은 강, 산맥과
울창한 계곡이 보인다

이 우주의 신비는
다시 원점으로 돌아온다

깊숙한 달의 분화구 같은
그녀의 눈과 입술,
이 미미한 공간은 모든 별을 준다

그녀의 입은
마이크로 코스모스
우주의 뒷맛이 따라온다

우주의 온도가 달구어진다

오래된 독수리 뼈에 시를 뱉으며

천년 동안 사람 없던 사막에 발자국을 남기고 싶다
메마른 입술을 적시지 못할 갈증이 있다 해도
오래된 독수리 뼈에 시를 뱉으며 걷고 싶다
미래는 끊임없이 순식간에 도착하고,
영원히 해결되지 않은 과거는 기억만 남긴다

현재는 주목되지 않는다
인간은 끊임없이 고통받고 죽지만
이것은 지구 평면의 변경 불가능한 조건처럼
순조로운 수용의 고귀한 선택이다

내 마음은 하루를 앞두고 달리기를 했고,
때로는 몇 주 앞두고 길을 잃기도 했다

이제 내가 생각할 수 있는 것은
바다로부터 우리를 보호하기 위해
시원한 모래 속에 묻혀 있는 것
수건을 쓴 당신 어깨에 머리를 기대는 것이다

우리의 아름다운 세상,
지금이 영원히 지속되길 바란다
훗날 어쩔 수 없이 혼자가 될 때를 생각하며
미리 힘들어하지 마라

나는 당신과의 지금이 영원히 지속되도록
초를 평평하게 늘릴 수 있기를 바란다
우리가 석양에 등을 데울 때
파도는 맨발을 휘젓고
모래는 발밑으로 이동한다

당신의 발아래 온 지구가 있다

깊은 우주

내가 좋아하는 우주에
사람들은 무관심하다

나는 그들에게 우주에는
수천억 개의 은하, 별, 혜성이 있고
지구 같은 행성이 많을 거라고 말한다

바로 지금
우주에는 우리와 같은 생명체가 있고
먹고 마시고
술집에 가고,
지구촌 스포츠를 TV로 보고,
사소한 것에 말다툼을 하거나
소셜 미디어에서 논쟁을 벌일 것이다

어쩜 그들도 온난화를 걱정하고,
팬데믹을 겪을 수도 있으며
심지어 우리처럼 전쟁을 벌일 수도 있다

지구는 우주 속에서 길을 잃은
푸른 점

실제로
지구도 다른 행성만큼
깊은 우주에 있다

수백억 광년의 사랑

누군가 떠난 지 한참 후에도
그것이 나쁘지 않은 것은
구원의 희망이 있기 때문이다

지금부터 수십억 년 후에
지구는 태양에 의해 삼켜질 것이고
적색 거성이 되어
삼켜지지 않으면 심하게 그을릴 것이다

그전에 인류가 탈출하기를 바라지만
수조 년 후
우주가 완전히 무너지면 탈출은 없을 것이다

무한(無限),
상상 너머 검은 공간으로 얇아질 것이다

인류의 역사, 예술, 문학
잊힌 죽음의 죽음

수백억 광년의 사랑도 사라질 것이다

구원의 희망이 있을까?

분명 무(無)에서 온 물질세계는
무(無)로 돌아갈 것이다

천년도 하루 같은 지고의 존재만이
인류의 희망이다

퍼레이드의 근거

당신은 신의 자궁 속,
원자로에서 태어났다

우주는 당신을 위해 에너지와 땅을 재배하고,
별은 4억 광년 떨어져서 움직인다

자연은 당신이 숨 쉴 수 있도록 부지런히 움직이고
지구는 회전하고 있다
이는 당신에게 잠잘 시간을 주기 위해
밤과 낮을 만들기 위함이다

당신은 태양과 달을 길들이기 위해
지식과 지혜로 지구를 지키기 위해
자유로이 이 땅을 배회한다

당신은 선과 악의 힘을 경험하고,
부조리와 씨름하기 위해
시를 쓰고 진리를 탐구한다

신께서는 이 세상이
당신만을 위해서 존재하듯 바라본다

당신은 많은 왕과 왕비의 사랑으로
지금의 당신일 수 있었다

달콤한 일몰로 하루를 이별하고,
사랑하며 보낸 모든 단계와
매 순간 웅장한 이 무대는
당신을 위한 퍼레이드의 근거다

양자물리 사랑

그녀는 깃털처럼 가볍다
그녀는 원형 궤도의 스핀,
미친 우주의 힘이다

그녀는 쉽게 파괴적이고
만질 수 있는 실재가 없다

나는 양자 이론을 통해 우주적 사랑,
그녀에 대하여 생각해 왔다
로맨틱하진 않지만 경외롭다
서로가 관련이 없는 듯하지만
궤도 반대편 광자와 불가피하게 얽혀 있다

우리는 꿈꾸듯이
한 번의 양자 관찰로 운명이 결정되었다

그녀가 물리적으로 우월한 것은
곡선이 잘리지 않기 때문이다

우주가 처음부터 둥글게 되는 주기다

곡선의 우월성은 사이클
그녀는 양자물리다
예측할 수 없고, 벗어날 수 없는
궤도 위의 광자*다

---

*광자(Photon): 소립자의 하나로 전자와 같이 빛을 양자화된 입자.

마음은 탐험되지 않은 은하

마음은 탐험되지 않은 은하
별들 속에 반짝이는 별
공간에 가득한 어둠,
우주의 무한한 팽창

영혼은 원자의 불확실성
조건충족의 일시적 융합
그리고 긴 분해의 표류
본질을 알 수 없는 심연이다

영혼을 찾아가는 길 위에는
언제나 눈비가 날리고
마음은 잠자리 날개처럼 섬세한
입술의 가장자리다

마음은 탐험되지 않은 은하,
홍채의 소용돌이 춤

당신이 내 곁에 있으면,
숨이 막혀도
숨쉬기가 편해진다

작은 벌레

우주의 웅장함을 보세요
소용돌이치는 가스 구름으로 덮인
멀리 떨어진 은하 무리

광대하고 상상을 초월하는 별들

그러나 이 작은 벌레처럼 경이롭지 않네요:

스스로에게 말할 수 있는 생생한 생명체
(자체 언어로): 내가 여기 있어요
　　　　　이것은 내 세계입니다

작은 벌레가 감지할 수 있는 것,
너머에 무엇이 있는지는 모르지만
당신이 여기 있다는 것을 압니다

은하계조차도 그렇게 할 수 없는데……

제2부

새들은 오지 않았다

그녀는 벤치에 앉아 있었다 빵과 음료수를 마신 후 새들을 위해 빵 한 덩어리를 꺼냈다 그녀는 새들을 기다리며 휘파람을 찾아 두리번거렸다 새들은 오지 않았다 나는 빵 한 조각을 버렸다 개미 떼가 몰려와 빵을 먹었다 도마뱀도 도왔다 나는 새들을 갈망했지만 결코 오지 않았다

책이 출판되던 날
시인끼리 축사와 답사를 했다

시집 맨 뒷장엔
새들이 찾지 않는
리스트가 있었다

그녀는
술을 마시며 웃고 있었지만,
현실은 이미 어른이 되어야 할 소녀였다

요나처럼

모두 죽어간다고 화나시나요?
우울하신가요?

가방 속 폭탄 같은 하루
삶은 안전하지 않습니다

혀는 수세기 동안 날카롭게 자랐고
카니발엔 누구나 독배를 마십니다

시간은 말벌의 침으로 찌르고
바닷물은 우리의 발을 핥고 있습니다

당신은 레바논 뱃속의 요나처럼
물짐승 아랫배에서 원치 않는 삶을 보냅니다

그러니 아가미를 위해 기도하세요
언젠가 바다가 당신을 구토할 것입니다

그리고 삶에 동의하세요

안 그러면
싸움은 안 끝날 것입니다

화학은 무정부주의자

지구는 하나의 땅,
하나의 하늘, 하나의 바다
우리가 나눈 경계는 마음과 마음
가난한 사람들만큼 곤궁하고 무지하다

지구는 200개의 인공 퍼즐,
우리가 오래 살 수 있는 유일한 곳
양자강이 오염되면 인도양도 오염된다

인류는 4,000개의 방언을 하지만
기후는 하나이고
코로나는 경계를 무너트린다

시대에 걸쳐 비극이 있지만
당신에게 화폐가 삶의 가치라면
모든 것이 위조다

타인의 고통으로 이익을 얻을 수 없다

땅 위엔 조화가 너무 많아
지구가 아프고
강에는 이상한 얼굴의 물고기가 산다

플라스틱,
화학은 무정부주의자
이제
불에 타지 않는 것만 존재한다

별자리를 유지하라

우주의 여행이 쉽지 않으리라 알고 있지만
당신이 그것을 견디기에 충분히 강하기 때문에
당신에게 생명을 주었다
그러니 숨을 들이쉬고 당신이 찾고 있는
모든 답변을 들어보자

당신은 우주에서 꼭 필요한 존재,
스파클링 자수정,
빛을 퍼뜨리기에 충분했다
당신은 우주의 중심이기에
모든 가능성이 열려 있다

침대에 올라서면 별에 닿고
창문을 열면 새벽이
숲에선 새소리가 들린다

당신은 매 순간
냉하고 거친 어둠 속으로

점성가의 예언대로 은하를 여행 중이니
부드러운 카펫에 누워
당신의 별자리를 유지하라

사건의 지평선 너머,
무지개 어딘가에 파랑새가 있다

우리는 작은 액정만 본다

46억, 지구의 나이
나름 시련도 있었지만 건강했다

지구는 우리에게 늘 다정했다
하늘은 다이아몬드로 가득 차 있고
별의 눈꼬리는 하트 모양,
이는 우리를 향한 사랑이다

지구의 가장 큰 사랑은
우리에 대한 느린 인내다

그런데 100년 사이에
지울 수 없는 흉터로 헐떡인다
지구가 신음하는 동안
시간의 모래는 돌을 침식시킨다

신은 다시 창조 선택의 기로에 서 있다

땅별은 플라스틱과
인간의 욕심으로 울고 있는데
우리는 작은 액정만 본다

소금

나는 떠 있는데
익사한 것처럼 느껴진다

머리 위는 하늘,
허파는 구름으로 채워져 있다

파도가 흘리는 눈물,
나는 바닷물에 질식하고 있다

별을 꿈꾸는 은하 알갱이

은하수는 초승달에 걸어놓고
별 구름을 수놓는다

견딜 수 없다

펜을 들고 있는 모든 사람이 작가는 아닙니다
말을 타는 사람이 모두 기수는 아닙니다
손톱을 깎아주는 사람이 모두 사랑하는 것은 아닙니다
담배를 피우는 사람이 그 느낌을 아는 것도 아닙니다
질식하는 모든 사람이 사디스트는 아닙니다
거짓말하는 사람이 모두 배우는 아닙니다
콧수염 기른 사람이 모두 공산주의자는 아닙니다
웃는 사람이 모두 행복한 건 아닙니다
시도하는 사람이 모두 실패하는 것도 아닙니다
소리치는 사람이 침묵을 모르는 것도 아닙니다
우는 사람이 우울증을 아는 것도 아닙니다
가르친다고 모두 교사는 아닙니다

숲의 랩소디

숲은 평화롭다

나무는 우리가 숨 쉬는 리듬에 매달려
거대한 실루엣 위로 흔들린다

내 눈은 하늘의 줄무늬를 추적하고,
대지는 원소로 소용돌이치고
나와 바람은 반전에서 사랑을 찾는다

계곡에 발가락을 담그고
미지의 바람에 숲이 웃을 때까지
멍든 입술에 키스하며
가슴 깊은 곳까지 파도타기를 한다

숲은
우리의 눈을 뜨게 한다

오늘밤

토성이 금성과 일직선상에 있지만
숲은 더없이 평화롭다

잘못된 포크를 사용하는 이유

사회적 계층화 이전
(부와 권력의 차이 vs. 부의 차이)
사냥꾼과 채집인은 싸우지 않았다
그들은 서로 동등했다

그들은 그룹이 커지자
메소포타미아의 수메르와 같은 도시를 형성했고,
일부는 부유한 반면 대부분은 그렇지 않았다

사회는 시간에 따라 계층화되었고,
더 많은 시간이 흐른 후엔
사람들 사이에 피상적인 구별을 만들었다

논평의 요점은 단순하지만
"인간은 천부적이고 신성불가침한 가치의 장소로
우리 각자 안에 있지 외부에 있지 않다"는 것이다

그 뒤를 이은 신도시 사람들,

부와 권력만이 가치가 있다는 환상에
거짓을 기반으로 여러 그룹을 계층화했다

일부 집단은 노예로 만들어졌고,
부유한 사람들은 우월하다고 생각했다
이는 우리 나눔의 잘못된 방향으로 전환된 것이다

우리는 모두가 가치 있다는 사실을 잊었고,
이 악의적인 환상은 수천 년이 넘게 팽창했다

이제 우리가 찾아야 할 올바른 길은
사회적 계층화 이전처럼
사냥꾼과 채집가가 가져간 나눔이다

신은 불완전하다

나는 신의 존재를 믿는다
이것은 예언자나 기독교인의 주관적인 의견이거나,
(칸트가 의견과 믿음을 정의한 것처럼)
믿음과 같은 신의 존재에 대한 느낌이다
신은 객관적인 지식이 아니다

영혼이 의미하는 것은 주관성,
신은 불완전하다

신을 만드는 것은 삶과 분리하는 것,
숫자가 감소하는 0 궤도와 같다
신에게 경계를 부여하는 것은 우주를 부인하는 것,
절대온도 0도인 켈빈을 선언하는 것
신의 한계는 영혼에 도달할 수 없다

이는 과학이 서로 다른 우주를 포함하고
에너지는 결코 파괴되거나 생성될 수 없는 것처럼,
신에 대한 주관성은 끝나지 않는다

논쟁이 일관성에 도달하면 혼란에 직면한다
무신론자 리처드 도킨스의 『신, 만들어진 위험』
완전한 신의 개념이 결코 달성되거나
제거되지 않는다

그러면 진실은 무엇인가?

무신론은 이성의 가장 높은 형태라지만
하늘의 판단은 다르다

우주의 이중성

일반적으로
착한 사람이 범죄를 저지를 수 있다고 생각하는 경우는 거의 없지만

가장 순수한 악이
가장 친절한 얼굴에 숨어 있다

그녀가 괴로워할 때
아무도 듣지 않았고,
함께 울어주지 않았다
그녀는 절망에 빠졌다

그녀 묘비에는
'사회적 타살'이라고 새겨져 있다

가장 친절한 얼굴에
순수한 악이 숨어 있다

겨울밤

호숫가에 앉아
얼음에 구멍을 뚫고

밤새 쪼그리고 앉아
언덕의 별들을 기다린다

마실 가는 별들이 하나, 둘, 셋
얼음 구멍으로 들어서자
별들이 얼어붙는다

날 세운 반달은
얼음 독방을 감시한다

빈 행성의 공포

또 다른 허무주의 서곡,
임박한 쾌락주의 불협화음
모습은 뻔뻔한 안개
매일 밤 보헤미안 탈선 행위는
행성의 삶을 포기하는 탐욕이다

디스토피아 공기의 악취

빅토리아 시대의 황량한 마음으로
도시의 영혼을 본다

탐욕으로 세상은 무너지기 직전,
빈 행성의 공포로
나무엔 음침한 전율의 도끼가 꽂혀 있다

우는 버드나무 달 아래
덥고 덥수룩한 우기
맹목적으로 으르렁거리는 어둠

조지 오웰의 『1984』,
우울할 땐 쉬운 일이 없다

겨울 산

그늘로 가득 찬 눈 덮인 산
깊은 계곡 언 강엔 움직임이 없다

압도적인 침묵의 순간,
눈을 뜨면
바람은 하늘 너머로 사라지고
산에서 불어오는 눈을
벌거벗은 채로 만진다

나뭇잎이 눈과 얼음으로 덮인 채
지구의 긴장을 느끼는 돌,
가볍게 지나간 바람 뒤에
벌거벗고 묶이는 것이 중대하고 차분하다
(엔트로피의 위조)

이기적인 겨울 산,
(이 텅 빈 계곡 웅덩이에서)
마지막 포옹으로

해방된 깊은 잠의 미소가 감각적이다

나무들 사이에 긴장된 하늘은
슬픔을 씻은 언 눈물의 시간
살얼음이 덮인다

수학은 악기다

미분 방정식에서 양자 끈 이론에 이르기까지
수학적 방정식엔 배경이 있다
분자와 분모가 다른
분수로 읽을 수 있다

수학은 공간 추론의 '다섯',
이를테면
교환
분배
정체성
역
연관 법칙의 변화와 재이동에 적용된다

수학은 복잡한 악기다
(어설프게 다루면 안 된다)

컴퓨터 언어는 0과 1뿐인 이진법,
수학으로 계산할 수 있기에

단순히 뇌 연결에

AND,

OR

또는 NOT밖에 없다

수학은 아름다운 악기다

(단순하게 다루면 안 된다)

하늘이 궁금하다

하늘의 깊이는 얼마나 될까요
그 끝자락은 어디일까요
끝은 얼마나 멀까요
하늘은 동그랄까요, 길쭉할까요
저 태양은 어제 본 태양일까요

하늘엔 빈틈이 없다
구름 위엔 다른 구름이
하늘 시작은 땅부터
하늘 끝은 깊고 험하다
하늘이 궁금하다

달엔 얼마나 많은 눈물이 있고,
불행을 위장한 채 긴장하고 있을까요
달의 고독한 그림자,
그 뒤는 얼마나 차가울까요

당신의 부재가 은밀한 것은 아니지만

고독은 크게 소리 죽여 울고 있다
나는 여기에 서 있지만 보이지 않고
지나간 겨울 그리움에 패배했다
우리는 매 순간 늙어 가는데
태양은 결코 멈춤이 없다

십이월 광선은
하늘과 땅의 간극을 채운다

낮잠

무당벌레가 고기를 먹는다

나는 그녀와 멀리 날아가는 육식동물 날개에서 잤다
날개에서 떨어질까 바짝 엎드렸다

사마귀가 쫓아 왔다

천둥소리가 그쳤다
창밖엔 조용한 강이 흘렀다

제3부

알 수 없는 미래

두 마리 나비가 날아올랐다
까마귀는 준비 중

활공 속도가 빨라지면서
하늘이 흔들렸다

사랑에 눈먼 나비는
위험에 무지했다

까마귀는 연인을 지나쳤다

나는 공원에 앉아
새가 먹지 않는 두 마리 나비를 보았다

두 마리 나비가 날자
까마귀는 두 번째 활공을 했다

하늘엔 공허함만 남았다

나의 계정

페이스북 메시지 확인
인스타그램 메시지 확인
카카오톡 메시지 보내기
기다림
확인
열어보기;
우리들의 관계는
언제나 눈으로 시작된다

우리는
트윗으로 친밀감과 의심을 갖는다

세계는 브랜드화되고,
마케팅되어
모든 것이 추적되고 기록된다

무엇을 남길 수 있을까

디지털 영혼은
언제나 탈출할 기회를 엿보고 있다
서로 얽힌 코드를 잘라내고
화면에서 벗어나기를 갈망한다

오글거리는 틱톡의 동영상
전철 안엔
손놀림만 부산하다

세렝게티

 사자가 얼룩말을 따라갔다 공중에 붕 뜬 사자가 앞으로 넘어졌다 순간 얼룩말이 사자를 발로 뭉개는 듯했다 사자가 얼룩말의 목을 물었다 멀리서 보면 끌려가는 듯했다 사자는 얼룩말 목에 힘을 가했고, 그 게으른 권위는 순간 강화되었다 얼룩말은 네 발로 버티며 세상을 보았다

 얼룩말 무리는 사자와 거리를 두고 있었다

 사자는
 법칙에 따라
 서두르지 않고
 천천히,
 아주
 천천히
 죽음의 징후를 확인했다

 얼룩말은 옆으로 굴려지고, 수축되며 일부의 색이 사라졌다
 사자 무리가 다가와서 스펙트럼을 만들었다

얼룩말은 새끼가 두려워하지 않도록 고개를 돌렸다
그리고 세상과 멀어졌다

구름 사이로
깊고 푸른 하늘이 보였다

당신

메모를 하다가 잠이 드는데
한 단어가 목에 걸렸다
어쩌다 삭제 대신 보내기를 눌렀다

콘크리트 벽에 던져진 진흙처럼 튀어나온 단어

당신!

당신의 손이 내 구석구석을 눌렀을 때
나는 젖은 콘크리트였다

당신이란 말에 얼굴이 굳어버렸다

지구가 하나이기 때문에

지구는 오래된 것을 좋아한다

빨간색이 아니라 소박한 것,
이야기가 있는 스웨터
물이 흐르는 계곡을 좋아한다

오래된 것은
일을 겪었다는 것이다
더 깊어질수록 단순하다

눈은 은하로 가득 차 있고
새벽별을 볼 수 있게
우리는 지구를 들어 올린다

지구가 하나이기 때문에
사랑하기 쉽다

SNS 사랑

그는 온라인에서 데이트를 했다
친구들을 설정했고
많은 저녁 식사에 초대받았다

그가 인정하는 것보다
더 많은 사람과 함께 집에 갔었다
남자와 잤고 여자와 잤다

그는 누군가를 떠났고
누군가를 만났다

언제나 비탄으로 끝나는 관계,
마음대로 끄고 켜는 사랑

그는 사랑이
어떤 느낌이어야 하는지 몰랐지만
그 자신에게 하는 것보다
더 많은 경험을 했다

그러나 허전한 슬픔만이 남았다

인생은
이별과 이별 사이를 지나는 점

점
점
점

켜고 삭제하는 사랑

하늘은 음모를 꾸미지 않는다

모든 피부 위에서 빛이
다르게 유희하지만
당신도 그대로 같은 인간이고
죄 앞에서 같은 죄인이다

하늘에서는 좋은 것만 내려오니

별이 빛나지 않을 때까지
태양이 식을 때까지,
혹여 전문적인 패배자일지라도
하늘을 응시하라

비록 미완성된 무지개가
햇빛의 그림자로 증발하더라도,
세계의 기어가 멈추더라도
모두 당신의 시선을 따를 것이니
바람이 폐로 들어오는 한
균형을 잡아라

하늘에서는 좋은 것만 내려오니
땅 위의 것만 보지 말고
하늘을 응시하라

하늘은 음모를 꾸미지 않는다

우연히 만나던 날

우리가 우연히 만나던 날
짧지만 사랑을 연설했다
한숨도 많았다

그리고 각자의 길을 갔다

당신의 미소가 떨어지던 날
나는 넘어졌다

사랑의 시작은 서로에게
왕관을 씌웠지만
결국 십자가에 매달았다

당신의 수은빛 얼굴
우리는 함께 울었다

하지만 우리는 같은 행성 위에 있다

조금은 기울어진 채
돌고 있지만
우리의 기억은 파이(π)다

나쁜 생각으로 눈이 떠질 때

사진 속의 미소가 전부입니다

고통스러울 때는
차라리 태양을 가려주세요
자유로운 땅은 없습니다

세상이 정의롭지 않을 때는
모든 것을 놓아주세요
그를 기억하면 견딜 수 있습니다

강하게 굴지 말고
부서진 마음을 보여주세요
그래도 힘이 들면
그 옛날 여인처럼 울어 보세요

그 미소로,
우리는 걸어갑니다

만남도 없는 이별

아직 태어나지 않은 나무
아직 굳지 않은 돌
아직 오지 못한 빛에도
죽음이 있다

서로 다른 시공간에 머물지만
모두 같은 운명이다

어떤 기다림도
어떤 만남도 이별이 있다

그러니 울지 마라
만남도 없는 이별이 더 많다

도발적인 상상

다음과 다음 사이 공간에서 파장이 정지한 듯 목소리를 제거한다

빗방울로 시작하여 동맥과 창문 사이에 보이지 않는 손

침대와 노래 박스의 켜짐과 꺼짐

호수 건너편에서 바람이 불어온다

사물을 경계해야 할 손가락은 겉 조각을 제거하고

스타킹을 벗는 동안 아무 얘기가 없다

작은 코, 입술과 허리 사이 시스템의 충격

은하계의 길이 열리고

어둠은 방황하며 비밀을 하이킹 한다

나비는 메스꺼운 불안의 구덩이

검은 개는 검은 흉터를 드러낸다

달은 당신을 근심에 빠뜨린다

당신의 눈은 쪽빛 하늘,
호흡은 여름 잔디
우리는 지난밤까지 행복했다
하지만 달이 작은 새처럼 지나갈 때
촉촉했던 해변은 마르고,
조개는 모래 속에서 익사했다

이제 달빛은 숲속으로 숨고,
바다에서 거칠던 호흡은
이끼로 바위에 붙어 있다
바람은 해변에서 맴돌고,
숲은 거미처럼 침묵 중
기억의 파도만 밀려온다

새들은 졸린 눈을 감고
꽃은 밤이슬에 젖었다

이제 이 가난한 몸은

황혼의 재가 되어가고
밤하늘에 손을 뻗어 검지와 엄지로
부드럽게 달을 뽑고 싶지만
몸을 던지던 그 입술이 달을 키운다

달은 당신을 근심에 빠뜨린다

예쁜 여자

예쁜 여자는 예민한 남자를 원한다고 말하지만, 남자가 피아노에 앉아 몇 시간 동안 건반을 누르면 종이 촛불을 들고 미소를 지으며 그를 조롱한다 그녀는 열심히 일하는 남자를 원한다고 말하지만, 남자의 침대에서 햇볕에 갈색 어깨를 돌린다 그녀는 교양 있는 남자를 사랑한디고 말하지만, 위스키와 시가 연기를 마시는 입술로 키스하거나 부드러운 손가락으로 그녀를 만질 때 울부짖는다 그녀는 추위를 타지만, 밤새도록 잔디밭에서 알몸으로 춤을 추면 담요를 껴안는다 그녀는 남자의 불완전함이 상관없다면서, 다른 여자의 향수에 찔려 악몽을 꾼다 그녀는 노래를 쓸 수 있는 남자를 원하지만, 섬세한 손목에 시를 꽂으면 빈방을 부러진 연필로 채운다 그녀는 문신과 피어싱을 좋아하며, 산호 껍질에 싸여 하루를 보낸다

예쁜 여자, 조심해
남자들은 너를 데려갈 거야
그들은 너의 꽃을 가져갈 거야
그들은 너의 유일한 것을 원하거든

예쁜 여자, 천천히 꽃을 피우고

여름 동안 너의 누에고치에 머물러야 해

여름은 장마로 지속될 수 있지만

곧 끝날 거야

그녀는 책에서 읽은 남자를 원하지만, 용납되지 않는다 그녀는 관용을 가진 남자를 사랑하지만, 질투를 느낀다 그녀는 은총이 있는 남자에게는 무력하지만, 촛불을 끈 어둠 속에서 서툴면 싫어한다

사랑의 중력

나는 소행성
당신은 달

한동안 우리는
중력에 얽혀 살았다

전설의 유성우처럼
가까워졌다가 멀어지더라도
당신과 나

한 번쯤
중력과 물리학의 배려로
은하에 합쳐지는 일

수십억 년 직조된 간극 너머
필멸의 춤이라도
하루만 더

어둠이 곁에 앉았다

  옛집을 둘러보면서 낙엽을 밟았다 춥기도 하고 썰렁해서 한 시간도 채 못 있고 돌아섰다 고운 잎들은 미련 없이 떨어져 기꺼이 낙엽을 만들고 있었다 비록 아름다웠지만 영원히 흙이 되고 말 부질없는 생들이었다 한때의 기억만으로도 충분한 것을 어제까지 계획으로 힘들어했다 익숙해지기도 전에 덧없이 가버린 세월, 나무에 나이테가 하나 생기듯 가느다란 금이 하나씩 그어지고 있었다 돌이켜보면 그 희미한 시간의 흔적 속에 깊게 새겨진 것들은 모두 명백했다 주춧돌 아래 후박나무까지도 생은 분명했다 덧없이 하루는 저물어 갔고 밤나무 가지가 얼어갈 때, 어둠이 곁에 앉아 옛일을 물었다

계약

세상에 태어난 지 구일 만에
그가 집에 오셨다

나는 누운 채 양손과 양발을 허우적거렸고,
어머니와 그는 계약을 맺으셨다

그가 가져온 책 속에는
말하는 뱀, 홍수와 무지개
도둑질과 살인에 대한 음산한 신화가 있었고,
형이 아우를 죽이고
아버지는 하나뿐인 아들의 목숨을 끊으려 했다

사람들은 발을 적시지 않고
바다를 건넜다

내가 이해하지 못해 질문할 때면
어머니는 침묵하셨다

세상과 사느라
그의 품에서 벗어날 때면
아브라함에게 안길까 두려웠다

내일이 불안할 때
그들의 계약은
나에게 길이 되어 주었다

맥박

어머니의 긴 투병 생활,
왔던 길로 돌아가는 길은 건조했다
말수는 차츰 줄어들었고,
입술은 터지고 각질이 일어났다
빨대로 물을 마시다
수건으로 입술을 적셔야 했다
처음엔 손을 잡아 주었지만
앞니로 힘없이 깨물었다
맥박만 뛰었다

약하게 뛰던 임펄스
"어머니 형 왔어요" 하면
맥박이 빨라졌다

술에 의지했던 형은
홑겹 코트에 날 선 바지로
늘 집안 송사(訟事)에 휘둘렸다
온밤을 쪼개어 자던

형은,
눈물이 많았다

이제 그들은
집 뒤에 나란히 누웠다

귀향

정년이 가까워질수록
먼 곳이 잘 보인다

누군가의 말년처럼
나도 외딴집에 머물게 될 것이다

해설

지구를 사랑한 우주의 연금술사

신상조(문학평론가)

    그동안 김익진 시의 해설은 일관되게 시인의 외적인 경력을 밝히는 데서부터 시작되어 왔다. 물론 그것이 독일에서 재료공학을 전공하고 현재 항공신소재공학과 교수로 재직하고 있는, 시인으로서는 다소 특이한 이력 때문만은 아니다. 시인의 소박한 일상과 개인적 체험을 서정적으로 형상화한 첫 번째 시집 『회전하는 직선』에서부터 예술의 전유물인 상상과 과학의 전유물인 기술의 접목이 뚜렷해서일 것이라고 추측한다. 시에서 '확률'이나 '기하학', '양자물리학'과 같은 용어들이 일반적이지도 않거니와, 무중력이거나 중력의 시공을 유영하는 것과 관련한 우주적 명제들이 김익진의 시를 뒷받침하는 사유와 인식의 틀이 되어 왔음은 분명해 보인다. 흔히 '우주적 상상력'으로 일컬어지는 김익진 시의 특이성은, 그의 시를 설명하는 구심점이자 중력으로 기능하고 있는 것이다.

하지만 과학과 예술을 이분법적으로 구분하려는 시도는 이 둘 사이에 우열은 없다고 말하면서도 사실상 과학은 정신적 능력이 없음을 은연중 지적함으로써 예술의 편에 서는 방식이다. 이는 지식과 논리보다 직관적 통찰이나 감성적 문체를 편애하는 태도이기도 하다. 김익진의 시는 예술과 과학의 연결이 아니라 예술이 과학을 상보하고 과학이 예술을 상보해가는, 서로가 서로를 넘어서면서 이느 쪽의 색깔도 고집하지 않는 내면적 사유의 실천이다. 세상은 시인과 과학자로 나뉘는 게 아니라 자아라는 소우주에 주목하는 내향성을 가진 자인가 아닌가에서 그 유별함이 드러난다. 한편으로 시인은 모든 시편을 자신이라는 소우주로 채울 수 있지만 그의 기량이 탁월하게 드러나는 형식을 선택하기 마련이다. 그가 자신의 내면을 어떻게 전달하고 공유할 것인가에 대한 해답으로 자신에게 익숙한 도구를 선택함은 일견 당연하게 여겨진다. 시에서 과학은 낯선 도구다. 낯선 도구는 낯선 예술을 만든다. 김익진에게는 우주적 상상력이야말로 자신을 가장 잘 표현하는 형식인 셈이다.

> 지구의 절반은 밝음
> 다른 한쪽은 어둠

무한대

하늘 끝자락

무게의 변화 없는

회전 속, 나를 잡고 있는 궤도

반복되는 일출

약간은 쓸쓸한 감옥

권태와 지루함,

중력에 잡힌 삶

그러니 서로 사랑하라 하지요

우리의 춤은 왈츠보다 큰

공간의 음악,

아담의 노래

어둠 속으로 날고 있는 궤도는

혼돈 뒤에 고요함

비대칭의 흔적

—「비대칭의 흔적」 전문

시집 제목으로 삼은 작품이기도 한 「비대칭의 흔적」은 과학과 문학이 접목된 김익진 시의 특성을 효과적으로 보여준다. 비대칭은 대칭이 아닌 것, 또는 대칭을 이루지 못하는 것이다. 물처럼 양이 증가한다고 행복이 증가하는 건 아니지만 급감하면 고통을 주거나, 있을 땐 소중함을 모르는데 잃고 나면 회복하기가 어려운 건강 등은 비대칭의 실제적 사례다. 이러한 사전적 지식에도 불구하고 김익진 시에서의 비대칭이 갖는 의미는 모호하다. 이 모호함을 극복하기 위해 우리는 한 편의 영상을 보듯이 이 시를 동적인 이미지로 시각화한 후 그것을 지켜보는 상상을 할 필요가 있다. 요컨대 시의 1연과 2연은 지구를 타자로 설정한다. 그런 후, 지구를 한 초점으로 하면서 지구 주위를 도는 타원 궤도에서 가장 먼 지점인 원지점에 위치한 시선으로 지구를 느리게 비추고 있다.

「비대칭의 흔적」과 유사한 방식의 작품으로써 미디어 예술가 샘 테일러 우드(Sam Taylor-Wood)의 동영상을 들 수 있다. 이 작품은 탁자 위에 과일을 쌓아놓고 그것이 점점 썩고 메말라서 사라지는 과정을 카메라로 촬영하여 60배속으로 빠르게 돌린 영상물이다. 과일에 서서히 푸른곰팡이가 피고 진물이 흐르고 구더기와 파리가 들끓다 사라진 후, 진물도 마르고 과일의 흔적만 검은 상흔으로 남은 이 작품의 제목은 〈정물

화Still Life〉(2001)다. 카메라와 시간을 이용한 이 미디어 예술을 힌트 삼아 이제 우리는 김익진의 시를 다시 들여다볼 필요가 있다. 시의 눈이 우주적 거리의 외부에서 카메라처럼 비추고 있는 지구는 무한대의 공간 속에서 고요히 떠 있다.

  그러나 실상 지구는 자전축을 중심으로 하루에 한 번씩, 서쪽에서 동쪽으로 어마어마한 속도로 회전하는 하나의 구체(求體)이다. 영상은 문학에 소리를 덧입히지만, 반대로 김익진의 시는 소리를 철저히 소거한 채 정적인 움직임만을 보여 준다. 그것은 "공간의 음악,/아담의 노래"이므로 실로 우리의 가청권 밖이다. 지구의 외부를 향하던 시선은 지구 내부의 '나'로 초점을 이동한다. 소리가 소거된 영상 속에서 중력에 사로잡힌 '나'는 우주적 시공간과 동일시되는 '우리'로 확장되고, 우주의 리듬과 동일시된 '우리'는 다시 인류의 기원인 '아담'으로 수렴된다. 과학이 논리를 초월하는 순간 과학은 시가 된다. 비대칭이라는 실제적 조건 속에서 살아가는 우리가, "그러니 서로 사랑하라 하지요"라는 시의 전언을 교훈이 아니라 공감의 정서로 감각할 수 있는 이유는 이러한 신비로움에 있다.

  지구의 중력은 달에 비해 6배다. 지구에서 물건이 낙하하는 속도가 달의 여섯 배라는 말과도 같다. 시는 이러한 지구의 중력에 잡힌 삶을 한계의 다른 이름인 '감옥'이라고 표현한다. 중력을 벗어날 수 없는 지구는, 아니 한계를 지닌 아담으로 대표되는 인간은 과거의 흔적에 불과한 존재로써 현재를 살다가, 부재로 인한 상실감을 후손에게 유산으로 남기고 가는지도 모른다. 이렇듯 김익진의 시는 과학 기술이 문학에 유비적 사고의 영감을 전해주는 양상을 나타낸다. 정리하자면 「비대칭의 흔적」에서 '비대칭'은 지구라는 행성에서 살아가는 존재의 유한성을, '흔적'은 존재의 부재로 인한 상실감을 환기한다. 시는 유한한 존재들의 한계와 소멸의 비애를 말하려 우주 속의 지구를 거대하고 단순한 형태로 조망한다. 그것은 실재를 초과하지만 이미지로 구축된 가상의 시뮬라크르(simulacre)가 아니라 실재 그 자체다. 그리고 이러한 설정은 우리에게 마치 사차원의 세계에서 유영하는 것 같은 신비로운 느낌을 선사한다.

> 우주는 물질 너머의 음악이다
> 존재하는 것은 고유한 진동을 갖고 있다
> 지구가 진동하고, 우주가 진동한다
>
> 당신과 나의 떨림의 근원이다
> 세상은 진동으로 가득하기에 음악이다
> 이는 알파요 오메가며, 시작이고 끝이다
>
> 바람이 모든 것을 담고 있고,

이는 우리가 잃어버린 시간까지도 기억한다

　　누군가 사랑한다고 말하면
　　이 진동은 마음으로 고요히 다가온다

　　우주의 떨림은 처음부터 끝까지
　　당신을 위한 음악이다
　　　　　　　　　　　　─「떨림의 근원」 전문

　그러나 김익진의 시를 머리로 이해하려는 건 그리 지혜롭지 않은 독법이다. 김익진의 시는 과학적 개념이란 경직성으로부터 멀리 비켜서 있기 때문이다. 그의 시는 사각형의 프레임 속에 고정되거나 정답을 갖춘 개념이 아니라, 즐겁고 헐거운 몽상의 떨림과 흔들림으로 우리의 내면에 울림을 남긴다. 그는 세상에 가득한 진동을 음악으로 듣는다. 누군가 사랑한다고 말하면 이 진동이 마음으로 고요히 다가오고, 그와 동시에 우주가 떨린다고 시인은 표현한다. 그리고 이 "우주의 떨림은 처음부터 끝까지/당신을 위한 음악"이다.

　　우주의 여행이 쉽지 않으리라 알고 있지만
　　당신이 그것을 견디기에 충분히 강하기 때문에
　　당신에게 생명을 주었다

그러니 숨을 들이쉬고 당신이 찾고 있는
모든 답변을 들어보자

당신은 우주에서 꼭 필요한 존재,
스파클링 자수정,
빛을 퍼뜨리기에 충분했다
당신은 우주의 중심이기에
모든 가능성이 열려 있다

침대에 올라서면 별에 닿고
창문을 열면 새벽이
숲에선 새소리가 들린다

당신은 매 순간
냉하고 거친 어둠 속으로
점성가의 예언대로 은하를 여행 중이니
부드러운 카펫에 누워
당신의 별자리를 유지하라

사건의 지평선 너머,
무지개 어딘가에 파랑새가 있다

—「별자리를 유지하라」 전문

인용 시에서 도드라지는 건 공간적 장엄함을 배경으로 대상을 축복하는 희원(希願)의 목소리다. 목소리는 우주여행 중인 '당신'에게 찾고 있는 "모든 답변"을 들어보라고 권유한다. 이 말은 무엇보다도 자기 자신이 누구인가에 집중하라는 소리처럼 들린다. 때문에 '당신'이 찾고 있는 답변은 외부에서 주어지는 낯선 얼굴과의 조우가 아니라 익숙하고 낯익은 자신의 얼굴을 되돌려 받는 일로부터 시작한다. 그러기 위해서 '당신'은 구체적이고도 고유한 자신만의 성질을 확인해야 한다. 목소리는 말한다. 자신의 고유성은 명료한 인식 너머 몽상의 경계에 있으므로, 당신은 중력을 상실한 채 부동의 세상으로부터 빠져나와 도약해야만 한다.

　부연하자면 '중력'은 김익진의 시에서 우주적 질서를 유지하는 윤리이거나 구속, 때로는 이성이 경계 짓는 한계에 해당한다. 이는 앞에서 살펴본 「비대칭의 흔적」이나 『중력의 상실』(2015, 조선문학사)이란 두 번째 시집의 표제가 말해주듯 그의 시를 관통하며 반복되는 시적 모티프다. 김익진의 시에서 중력은 다양한 모습으로 변주되는데, 이 시에서의 중력은 '당신의 당신에 대한' 인식이 재구성되는 순간 사라진다. 중력은 사물과 세계에 질서를 부여하지만 '당신'의 본성은 아니다. 보라, '당신'은 침대에 올라서는 순간 별빛에 닿을 수 있지 않은가. 목소리는 들려준다. 이는 환상으로의 도피와는 다르다. 의심스럽다면 창문을 열고 밖을 내다보라. 거기엔 새벽이 있다. 숲에서는 새소리가 들린다. '당신'의 현실이 여전히 거기에 존재한다. '당신'의 귀에 부드럽고도 확신에 가득 찬 예언자적 목소리가 다시 들려온다. "당신은 우주에서 꼭 필요한 존재,/스파클링 자수정" "당신은 우주의 중심이기에/모든 가능성이 열려 있다". 그러니 당신은 "당신의 별자리를 유지하라//사건의 지평선 너머,/무지개 어딘가에 파랑새가 있다".

시에서의 목소리는 인격적 존재이거나 인격적 존재를 초월한 일종의 지각적 실체다. 이런 방식으로 김익진의 시는 정서적 표현뿐만이 아니라 존재에 대한 사유를 포괄한다. 목소리가 들려준 '답변'의 의미를 간단하게 추려서 비유하자면 다음과 같다. '당신'은 소수(素數, prime number), 즉 자기 자신만을 약수로 가지는 당신 인생의 마스터키다. 예로써 다음의 시는 '당신' 스스로가 바로 자신의 마스터키임을 명쾌하게 증명해 준다. "수학은 예민한 언어다"(「예민한 언어」)라는 시인의 말을 빌려 말해 보자. 이 시는 수학에서 사용하는 단 하나의 언어로 '당신'이라는 존재의 증명을 완성한다. 그야말로 수학은 놀랍도록 예민한 언어, 서정적이고도 아름다운 언어임이 분명하다.

    나무가 달리기를 꿈꿀까요?
    호수는 날기를 원할까요?

그들은 언제나 흔들리며 하늘을 봅니다

숲속에 돌멩이는 느리고 이끼가 많은 사랑을 할까요?

당신은 왜 될 수 없는 꿈을 꾸는지 모릅니다

당신은 소수

당신은 고유한 존재입니다

—「당신은 소수」 전문

  신비한 소수이자 고유한 존재인 '당신'은 자신의 별자리를 유지할 의무와, 나아가 자신이 지구의 주인임을 보여주어야 한다. 김익진의 시에는 시적 대상인 '당신'이 지구의 주인임을 강조하는 대목이 자주 등장한다. 요컨대 그는 "내가 좋아하는 우주에/사람들은 무관심하다"(「깊은 우주」)며 안타까움을 토로한다. 이는 "지구는 하나뿐인데" 그런데 "지구의 심장은 가스로 메케하고/햇살엔 악취가 난다"(「하늘은 내 어깨를 부수고 있지만」)라는 우울한 탄식과도 통하는 대목이다. 다음의 시는 지구를 걱정하는 김익진의 시가 지구를 위해 제시하는 유일한 해결책이다. 불가능을 가능한 것으로 만들기 위해 상상한다는 점에서, 시에서의 주체는 연금술사에 가깝다.

  당신은 별똥비가 내리는

은하계 옥상에 산다

게으른 해는 산 뒤로 떨어지고
어둠이 기어 나와
도시의 가로등을 감싸고 있다

도심은 수직으로
변두리는 수평으로
불빛이 씀벅거린다

세입자가 불을 켰을 때
지구의 흑점이 반짝거렸고
우주에 불빛 하나가 추가되었다

세입자가 월세를 미루자
지구는 채무자가 되었고
우주의 잔고가 줄어들었다

세입자의 불은 우주의 중심,
성스러운 특사

이제 사랑은 지구에서 드문 기술

당신이

　　지구의 주인임을 보여라

　　　　　　　―「세입자가 불을 켰을 때」 전문

　「세입자가 불을 켰을 때」는 미래에 관한 잠언이 동화라는 주형(鑄型)을 만나 아름답게 빚어지고, 여기에 풍부한 감성과 상상력이 더해져 탄생한 작품이다. 이 시는 김익진의 작품 세계가 지닌 다양성을 절로 시인하게 만든다. 시인은 연금술사가 했을 법한 천진한 상상력으로부터 이미지를 빌려온다. 그는 연금술이 세계를 대할 때의 호기심과 기발함, 그 비밀스러운 동심에 향수를 느끼는 마음을 굳이 숨기지 않는다. 연금술과 마술의 차이는 과학과 분리되느냐 아니냐에 달렸다. 과학과 마술의 구분이 있기 이전에 마술은 창조적 상상력으로 가득한 연금술이었다. 마술은 가짜에 불과하지만 연금술은 창조하고 생성한다. 연금술은 김익진 시의 과학과 등을 맞댄 다른 얼굴이자 동일한 실체이며 그의 시에서 반복되는 의미의 원천이다.

　별똥별이 내리는 은하계 옥상에 세 든 세입자가 도시의 가로등 불을 밝히는 장면은 생텍쥐페리의 '어린 왕자'를 떠올리게 만든다. 우주에 세 든 세입자는 태양계의 세 번째 행성인 이 지구의 주인이다. 푸른 행성의 주인인 그가 가진 우월한 기술이자 능력은 사랑인데, 아쉽게도 사랑은 이제 지구에서 보기 드문 기술이 되고 말았다. 뒤집어 말하자면 우주의 세입자인 '당신'이 사랑의 힘을 발휘함으로써 지구의 진정한 주인임을 보여줄 절호의 기회가 온 것이다. 김익진 시인은 사랑의 힘을 믿는다. 왕자의 입맞춤에 눈을 뜨는 동화 속 공주처럼, 사랑의 입맞춤은 오염된 지구를 푸른색의 바다와 녹색의 산, 갈색의 흙에 흰색의 구름이 조화를 이룬 아름다운 행성으로 다시 변화시킬 것이다. 사랑은 김익진 시인의 연금술이 만들어 낸 신비한 보석이다.

김익진의 시는 몽환적인 우주에서의 유영과 '당신'을 위한 우주의 떨림인 음악, 그리고 불가능한 현실을 가능성으로 치환하려는 시적 연금술로 가득하다. 과학을 신뢰하되 과학에 함몰되지 않는 그의 시는, '지구'를 사랑하고 '당신'의 행복을 희원한다. 이번 시집 『비대칭의 흔적』은 시인이자 한 사람의 과학자가 시도하는 은밀한 연금술이다.

덧붙이자면 김익진의 시는 종교적이다. 세계는 어떻게 만들어졌는가, 인간은 왜 존재하는가, 등에 대한 질문으로부터 철학이나 과학이 출발했음은 주지의 사실이다. 마찬가지로 그의 시는 과학적 세계관으로 세계를 바라보고, 심층적인 면에서는 종교와 연결되어 있다.

종교와 과학은 표면적으로는 양립 불가능한 것처럼 보이지만 "우주와 세계의 기원과 현상, 미래를 보는 렌즈를 제공해 준다는 점"에서 본질적으로 유사한 성격을 갖는다. 이를테면

코기토와 기계론적 자연관으로 유물론적 과학의 토대를 제공한 데카르트는 자연-물질의 영역에서는 유물론적인 태도를 취했지만 물질과 분리된 정신의 영역에서는 유심론적인 입장을 취했다. 뉴턴 역시 이신론(Deism)의 입장에서 신의 존재를 인정했다. 물론 뉴턴의 신은 이성 또는 자연법칙을 만들었을 뿐, 세계에 간섭하지 않는 우주라는 거대한 시계의 시계공이다. 이 따분한 과학자들의 이야기를 장황하게 늘어놓는 이유는 김익진의 시가 이야기하는 어떤 존재 때문이다. 「수백 억 광년의 사랑」에서 시인은 인류의 유일한 희망에 대해 다음과 같이 고백한다.

> 누군가 떠난 지 한참 후에도
> 그것이 나쁘지 않은 것은
> 구원의 희망이 있기 때문이다
>
> 지금부터 수십억 년 후에
> 지구는 태양에 의해 삼켜질 것이고
> 적색 거성이 되어
> 삼켜지지 않으면 심하게 그을릴 것이다
>
> 그전에 인류가 탈출하기를 바라지만
> 수조 년 후

우주가 완전히 무너지면 탈출은 없을 것이다

무한(無限),
상상 너머 검은 공간으로 얇아질 것이다

인류의 역사, 예술, 문학
잊힌 죽음의 죽음
수백억 광년의 사랑도 사라질 것이다

구원의 희망이 있을까?

분명 무(無)에서 온 물질세계는
무(無)로 돌아갈 것이다

천년도 하루 같은 지고의 존재만이
인류의 희망이다

—「수백 억 광년의 사랑」 전문

  위의 시는 태양이 50억 년쯤 지나 적색 거성으로 커지면 지구를 삼켜버려 지구는 종말을 맞을 것이라는 가설을 문제 삼는다. 이와 의견이 다른 이들은 적색 거성으로 커진 태양의 반경이 지구 궤도보다 커진다는 의견은 잘못이라고 주장한다. 반대론자들의 말이 사실이라고 해서 지구의 평안이 유지되는 것은 아니다. 태양이 열을 내게 하는 연료인 수소가 고갈되기까지 앞으로 약 64억 년이 걸릴 것이지만, 그전에 이미 태양은 지구에 영향을 미치기 때문이다. 태양의 밝기가 10%만 늘어나도 지구의 강물이 모두 말라버리고, 40%가 늘어나는 35억 년 뒤에는 지구의 바닷물은 모두 증발해버려 지구에서 생명체는 전멸할 것이다. 반면에 태양의 진화는 계속된다. 과학자들은 태양이 이 지구만 한 크기의 차고 무거운 백색 왜성으로 임종을 마칠 때는 결국 이를 생명 없는 지구가 쓸쓸히 지켜보게 된다고 예언한다. 이를 두고 시는 "삼켜지지 않으면 심하게 그을릴 것이다"라고 표현한다.

이렇듯 「수백 억 광년의 사랑」은 태양의 진화에 따른 지구의 종말이라는 객관적 사실에 의존해 시상이 전개되고 있다. 여기에는 예술이 알려고 들지 않는 현실을 냉철하게 일깨워주는 과학자로서의 시선이 있다. 반면 예술가로서의 시인은 과학의 지혜가 내미는 인과적 사실을 가지고 근거가 부재하는 위대하고 무한한 세상을 창조한다. 사르트르에 의하면 시는 본래 인간의 신화를 창조했다. 신화야말로 최초의 철학이자 최고(最古)의 철학, 즉 신에 대한 이야기다. 과학이 기쁨과 슬픔을 모르는 객관적이고 중립적인 기술이라면, 시는 이 정신적 항구에서 출발한다. 과학은 지구가 사라질지라도 인간의 마음에서 일어나는 어떤 의식도 지니고 있지 않으므로 아픔과 슬픔을 모른다. 이와 달리 정신적 항구를 출발한 인간은 "천년도 하루 같은 지고의 존재"에 닻을 내린다. 오직 인간만이 빛과 어둠과 광막함, 소멸과 공허함, 나아가 천년도 하루 같은 지고의 존재를 인식하는 것이다. 인간은 위대함을 결여했기에 결국 위대하다. 그리고 이 모두는 가시적이면서 객관적인 세계에 대한 김익진 시의 뜨겁고 아름다운 '반응'에서 비롯한다.

시인동네 시인선 172

비대칭의 흔적
ⓒ 김익진

초판 1쇄 인쇄	2022년 3월 24일
초판 1쇄 발행	2022년 3월 31일
지은이	김익진
펴낸이	김석봉
디자인	헤이존
펴낸곳	문학의전당
출판등록	제448-251002012000043호
주소	충북 단양군 적성면 도곡파랑로 178
전화	043-421-1977
전자우편	sbpoem@naver.com

ISBN 979-11-5896-546-4 03810

*이 책의 판권은 지은이와 문학의전당에 있습니다.
*양측의 서면 동의 없는 무단 전재 및 복제를 금합니다.
*잘못 만들어진 책은 바꿔드립니다.